Zwergenstübchen

Pfannkuchen & Co.

Angefangen hat alles im Zwergen-Cafe in ihrem Dorf,
dass die Zwergenschar auf den Mehlspeisen-Geschmack gekommen ist.
Der Zwergen-Ober hat ihnen den süßen Erdbeer-Traum aufgetischt,
wenig später kam der Pfannkuchen-Bäcker Cooky dazu mit seinen
leckeren Pfannkuchen-Variationen. Inspiriert von all den feinen Köstlichkeiten
haben sich die Zwerge entschieden, in das Land der Mehlspeisen zu reisen.
Das war eine herrliche Zeit und voll Freude hat die Zwergenschar die guten Rezepte
für die treuen Zwergenstübchen-Freunde niedergeschrieben. Mit im Gepäck
waren natürlich die berühmten Windbeutel-Rezepte des Windbeutel-Zwerges,
auch der feine Apfelstrudel sowie die Salzburger Nockerln durften nicht fehlen.
Die Zwerge wünschen Ihnen eine gut schmeckende Reise durch die Mehlspeisen-Küche.
Und nun? Servieren Sie Ihren Lieben ganz nach Zwergenart:

Ihr Zwergenstübchen
Elke und Timo Schuster

KRINGEL UND BLÜMCHEN À LA CARTE

Zutaten:

300 g Mehl
$^{1}/_{2}$ Teelöffel Backpulver
50 g Zucker
1 Päckchen Vanillezucker
2 Eier
3 Esslöffel Schmand
75 g Butter
Fett zum Ausbacken
etwas Zucker und Zimt

Zubereitung:

Die Zutaten zu einem Mürbteig verarbeiten, kaltstellen. Danach den Teig auf einer bemehlten Arbeitsfläche ca. $^{1}/_{2}$ cm dick auswellen, mit Förmchen Kringel und Blümchen ausstechen. Diese in heißem Fett schwimmend goldbraun ausbacken. Anschließend in Zucker-Zimtgemisch wälzen. Die Zwerge servieren zu Kringel und Blümchen à la carte gerne Apfelmus oder Kompott.

BANANEN-MINIS

Zutaten:

3 Bananen
2 Esslöffel Zucker
180 g Mehl
1 Päckchen Vanillezucker
3 Eigelb
knapp 200 ml Milch
3 Eiweiß
Fett zum Ausbacken
etwas Zucker

Zubereitung:

Bananen in Scheiben schneiden, Zucker darüberstreuen und vorsichtig umrühren. Mehl, Vanillezucker, Eigelb und Milch verrühren, das steif geschlagene Eiweiß unterziehen. Jeweils eine Bananenscheibe mit etwa einem Esslöffel Teig umhüllen, in das heiße Fett geben und schwimmend goldbraun ausbacken. Zum Schluss die Minis in Zucker wälzen. Die Bananen-Minis sind ein Geheimtipp der Zwerge – sie schmecken einfach köstlich!

SÜSSES VOM BLECH

Zutaten:
120 g Butter
1 Päckchen Vanillezucker
6 Eigelb
250 g Mehl
200 ml Milch
6 Eiweiß
150 g Zucker

Zubereitung:
Butter, Vanillezucker schaumig schlagen. Nach und nach die Eigelb einrühren. Anschließend Mehl und Milch dazugeben, alles zu einem leicht flüssigen Teig verrühren.

Eiweiß mit Zucker steif schlagen, unter den Teig ziehen. Diesen auf ein gefettetes Backblech gießen und im vorgeheizten Backofen bei 180 Grad ca. 45 Minuten backen. Danach die Mehlspeise in kleine Stücke schneiden, Puderzucker darüberstäuben.

ERDBEERTRAUM

Zutaten:
500 g Erdbeeren
80 g Zucker
2 Eigelb
75 g Puderzucker
75 g gemahlene Mandeln
50 g Mehl
50 g Speisestärke
$^{1}/_{2}$ Becher Crème fraîche
2 Eiweiß

Zubereitung:
Erdbeeren einzuckern, durchziehen lassen. Eigelb schaumig schlagen, löffelweise Puderzucker dazugeben, gut rühren. Anschließend die mit etwas Erdbeersaft vermischten Mandeln sowie Mehl, Speisestärke, Crème fraîche in die Eigelbmasse einrühren. Das steif geschlagene Eiweiß und die abgetropften Erdbeeren unterheben. Im vorgeheizten Backofen bei 200 Grad ca. 45 Minuten backen.

MOHNSCHNECKEN

Zutaten:

Teig:

400 g Mehl
1 Teelöffel Backpulver
150 g Zucker
2 Eier
6 Esslöffel Wasser
150 g Butter

Füllung:

125 g gemahlener Mohn
125 g Zucker
1 Päckchen Vanillezucker
1 1/2 Becher Schmand
2 Tassen Milch

Zubereitung:

Alle Teigzutaten zu einem glatten Teig kneten, kaltstellen. Für die Füllung Mohn, Zucker, Vanillezucker und Schmand verrühren. Den Teig auf einer bemehlten Arbeitsfläche rechteckig auswellen und die Mohnmasse gleichmäßig darauf verteilen. Den Teig von der Längsseite her aufrollen. Die Teigrolle in ca. 5 cm dicke Scheiben schneiden. Diese dicht nebeneinander in eine gefettete, feuerfeste Form setzen. Anschließend mit der Milch übergießen. Die Mohnschnecken im vorgeheizten Backofen bei 190 Grad ca. 1 Stunde backen.

APFEL-MANDEL-QUICHE

Zutaten:

Teig:

225 g Mehl

1/2 Teelöffel Backpulver

80 g Zucker

1 Päckchen Vanillezucker

1 Ei

2 Esslöffel Crème fraîche

100 g Butter

Belag:

1 kg mürbe Äpfel

3 Esslöffel Zucker

1 Teelöffel Zimt

100 g Rosinen

3 Eigelb

3 Esslöffel lauwarmes Wasser

150 g Puderzucker

1 Päckchen Vanillezucker

300 g gemahlene Mandeln

3 Eiweiß

Zubereitung:

Alle Teigzutaten zu einem Mürbteig verarbeiten, kaltstellen. Für den Belag Äpfel schälen, Kerngehäuse entfernen und in kleine Stücke schneiden. Unter diese Zucker, Zimt, Rosinen mischen, durchziehen lassen.

Anschließend den auf einer bemehlten Arbeitsfläche ausgewellten Teig in eine gefettete Quicheform legen (Teigboden mehrmals mit einer Gabel einstechen). Im vorgeheizten Backofen bei 200 Grad ca. 15 Minuten vorbacken.

Währenddessen Eigelb, Wasser, Puderzucker, Vanillezucker schaumig rühren, Mandeln und steif geschlagenes Eiweiß unterziehen. Auf den etwas ausgekühlten Kuchenboden die Äpfel geben, darüber die Mandelmasse gleichmäßig verteilen. Die Apfel-Mandel-Quiche bei 180 Grad in weiteren ca. 45 Minuten fertig backen. Es kann warm oder kalt gegessen werden.

Backpulver
MEHL
Zimt
Mandeln gemahlen
Rosinen
Zucker
Vanille-zucker

Pfannkuchen-Spezialitäten

NUSS-PFANNKUCHEN

Zutaten:

100 g Mehl
5 Eigelb
60 g Zucker
1 Päckchen Vanillezucker
$^{1}/_{4}$ l Milch
100 g gemahlene Haselnüsse
5 Eiweiß
Fett zum Ausbacken

Zubereitung:

Mehl, Eigelb, Zucker, Vanillezucker, Milch, Haselnüsse gut verrühren, das steif geschlagene Eiweiß unterziehen. In heißem Fett Pfannkuchen ausbacken. Vor dem Servieren mit Puderzucker bestäuben.

FEINE HEFE-PFANNKUCHEN

Zutaten:

30 g Hefe
80 g Zucker
1 Päckchen Vanillezucker
300 g Mehl
4 Eier
$^{1}/_{2}$ l Milch
Fett zum Ausbacken

Zubereitung:

Zerbröckelte Hefe, etwas Zucker mit ca. $^{1}/_{8}$ l Milch glatt rühren. Anschließend Zucker, Vanillezucker, Mehl, Eier und restliche Milch verrühren. Zum Schluss die Hefemilch gut untermischen. Den Teig zugedeckt 45 Minuten gehen lassen. Danach Pfannkuchen in heißem Fett ausbacken. Die feinen Hefe-Pfannkuchen mit Kompott oder Apfelmus servieren.

DAS MÄRCHEN VOM DICKEN, FETTEN PFANNKUCHEN

Es waren einmal drei alte Zwerglein, die wollten gerne Pfannkuchen essen. Da brachte das erste Zwerglein ein Ei, das zweite Milch und das dritte Fett und Mehl. Daraus rührten sie einen dicken Teig, den sie zum Backen in die Pfanne gaben. Es wurde ein dicker, fetter Pfannkuchen daraus. Als er fertig war, richtete er sich in der Pfanne auf und schwupp, sprang er heraus, lief den drei alten Zwerglein davon und lief kantapper, kantapper in den Wald hinein. Da begegnete ihm ein Häschen, das rief: „Dicker, fetter Pfannkuchen, bleib stehen, ich will dich fressen!“ Der Pfannkuchen antwortete: „Ich bin drei alten Zwerglein entlaufen und soll dir, Häschen Wackelschwanz, nicht entlaufen?“, und lief kantapper, kantapper weiter in den Wald hinein. Da kam ein Wolf herangelaufen und rief: „Dicker, fetter Pfannkuchen, bleib stehen, ich will dich fressen!“ Der Pfannkuchen antwortete: „Ich bin drei alten Zwerglein entlaufen und Häschen Wackelschwanz und soll dir, Wolf Dickschwanz, nicht entlaufen?“, und lief kantapper, kantapper weiter in den Wald hinein.

Da kam ein Reh herangesprungen und rief:
„Dicker, fetter Pfannkuchen, bleib stehen, ich
will dich fressen!“ Der Pfannkuchen antwortete:
„Ich bin drei alten Zwerglein entlaufen, Häschen Wackelschwanz,
Wolf Dickschwanz und soll dir, Reh Blinkschwanz, nicht entlaufen?“,
und lief kantapper, kantapper weiter in den Wald hinein.
Da kam eine Kuh herbeigerannt und rief:
„Dicker, fetter Pfannkuchen, bleib stehen, ich
will dich fressen!“ Der Pfannkuchen antwortete:
„Ich bin drei alten Zwerglein entlaufen, Häschen Wackelschwanz,
Wolf Dickschwanz, Reh Blinkschwanz und soll dir,
Kuh Schwippschwanz, nicht entlaufen?“,
und lief kantapper, kantapper weiter in den Wald hinein.

Da kam ein Schwein dahergefegt und rief: „Dicker, fetter Pfannkuchen, bleib stehen, ich will dich fressen!“ Der Pfannkuchen antwortete: „Ich bin drei alten Zwerglein entlaufen, Häschen Wackelschwanz, Wolf Dickschwanz, Reh Blinkschwanz, Kuh Schwippschwanz und soll dir, Schwein Ringelschwanz, nicht entlaufen?“, und lief kantapper, kantapper weiter in den Wald hinein. Da kamen drei Zwergenkinder daher, die hatten keinen Vater und keine Mutter mehr und sprachen: „Lieber Pfannkuchen, bleib stehen! Wir haben den ganzen Tag noch nichts gegessen!“ Als das der Pfannkuchen hörte, da rollte er nicht mehr weiter. Und, hops, sprang er ihnen ins Körbchen. So bekamen die Zwergenkinder einen dicken, fetten Pfannkuchen zu Haus und das Märchen ist aus.

BANANEN-PFANNKUCHEN

Zutaten:

2 Bananen
30 g Zucker
2 Eier
150 g Mehl
1/2 Teelöffel Backpulver
60 g gemahlene Mandeln
1/4 l Milch
Fett zum Ausbacken

Zubereitung:

Zuerst die Bananen pürieren. Anschließend Zucker, Eier dazugeben und schaumig schlagen. Danach das mit Backpulver vermischte Mehl sowie die Mandeln zufügen und mit der Milch zu einem glatten Teig verrühren. In heißem Fett dünne Pfannkuchen ausbacken. Vor dem Servieren Puderzucker darüberstäuben.

BRÖTCHEN-PFANNKUCHEN

Zutaten:
3 Brötchen vom Vortag
$^{1}/_{4}$ l Milch
4 Eier
2 Esslöffel Zucker
etwas Zimt
Fett zum Ausbacken

Zubereitung:
Die Brötchen in kleine, dünne Scheiben schneiden. Milch darübergießen, durchziehen lassen. Eier, Zucker und Zimt verquirlen, zu der Brötchenmasse geben, gut vermischen. In heißem Fett kleine Pfannkuchen ausbacken. Vor dem Servieren diese mit Puderzucker bestäuben oder Zucker und Zimt darüberstreuen.

PFANNKUCHEN MIT MANDELFÜLLUNG

Zutaten:

Teig:

180 g Butter
90 g Zucker
1 Päckchen Vanillezucker
9 Eigelb
180 g Mehl
90 ml süße Sahne
9 Eiweiß
Fett zum Ausbacken

Füllung:

75 g gemahlene Mandeln
130 ml Milch
50 g Zucker
1 Päckchen Vanillezucker
100 g Schokolade

Zubereitung:

Butter schaumig schlagen. Abwechselnd Zucker, Vanillezucker, Eigelb dazugeben, zu einer cremigen Masse rühren. Nach und nach das Mehl sowie die Sahne einrühren, anschließend steif geschlagenes Eiweiß unterziehen.

In heißem Fett dünne Pfannkuchen ausbacken, warm stellen. Für die Füllung die gemahlenen Mandeln in der Milch weich kochen, Zucker, Vanillezucker, zerbröckelte Schokolade zufügen, so lange rühren, bis die Schokolade geschmolzen ist. Alle Pfannkuchen mit der Füllung bestreichen und locker aufrollen.

PFANNKUCHEN MIT QUARKFÜLLUNG

Zutaten:

Teig:

250 g Mehl

4 Eier

50 g Zucker

1 Päckchen Vanillezucker

$^1/_2$ l Milch

Fett zum Ausbacken

Füllung:

200 g Lieblingsmarmelade

500 g Quark

100 g Zucker

1 Päckchen Vanillezucker

$^1/_2$ Becher süße Sahne

Zubereitung:

Die Teigzutaten zu einem glatten Teig verrühren. In heißem Fett dünne Pfannkuchen ausbacken, warm stellen. Für die Füllung Quark, Zucker, Vanillezucker und Sahne cremig rühren.

Alle Pfannkuchen zuerst mit Marmelade bestreichen, darauf etwas Quarkcreme geben. Anschließend die Pfannkuchen locker aufrollen und Puderzucker darüberstäuben.

KAKAO-PFANNKUCHEN

Zutaten:

Teig:

200 g Mehl

1 Messerspitze Backpulver

20 g Kakao

4 Eigelb

50 g Zucker

1/2 l Milch

4 Eiweiß

Fett zum Ausbacken

Pfirsichsoße:

1 Dose Pfirsiche

(Saft für die Soße aufheben)

1 Esslöffel Zucker

1 Teelöffel Speisestärke

Zubereitung:

Zuerst die Pfirsichsoße zubereiten. Zucker, Speisestärke mit Pfirsichsaft verrühren, zu den pürierten Pfirsichen geben, einmal aufkochen und kaltstellen. Anschließend alle Teigzutaten zu einem glatten Teig verrühren. Zum Schluss das steif geschlagene Eiweiß unterziehen. In heißem Fett Pfannkuchen ausbacken. Vor dem Servieren Puderzucker darüberstäuben und die Pfirsichsoße dazu reichen.

BUTTERMILCH-PFANNKUCHEN

Zutaten:

300 g Mehl

3 Eier

50 g Zucker

1 Päckchen Vanillezucker

700 ml Buttermilch

Fett zum Ausbacken

Zubereitung:

Mehl, Eier, Zucker, Vanillezucker, Buttermilch gut verrühren. Danach in heißem Fett dünne Pfannkuchen ausbacken. Diese mit Puderzucker bestäubt servieren.

APFEL-PFANNKUCHEN VOM BLECH

Zutaten:

100 g Mehl
2 Esslöffel Zucker
3 Eigelb
1/4 l Milch
250 g Äpfel
3 Eiweiß
4 Esslöffel Zucker
1 Esslöffel Zimt

Zubereitung:

Das Backblech in den Backofen schieben, diesen auf 225 Grad vorheizen. Mehl, Zucker, Eigelb, Milch zu einem glatten Teig verrühren. Äpfel schälen, Kerngehäuse entfernen und in feine Scheiben schneiden. Anschließend den Teig auf das heiße, gefettete Backblech gießen, darüber Apfelscheiben sowie löffelweise das mit 1 Esslöffel Zucker steif geschlagene Eiweiß verteilen. Nun restlichen Zucker und Zimt vermischen, über den Pfannkuchen streuen. Den Apfel-Pfannkuchen im Backofen ca. 12 Minuten backen, gleich servieren. Die Zwerge essen zu dem Apfel-Pfannkuchen am liebsten Vanilleeis.

Sahne-Pfannkuchen

Zutaten:

60 g Mehl, 4 Eigelb, 30 g Zucker,
1 Päckchen Vanillezucker, 1 Becher saure Sahne,
4 Eiweiß, Fett zum Ausbacken

Zubereitung:

Mehl, Eigelb, Zucker, Vanillezucker, saure Sahne gut verrühren,
das steif geschlagene Eiweiß unterziehen.
In heißem Fett kleine Pfannkuchen ausbacken,
mit Puderzucker bestäubt servieren.

PFANNKUCHEN NACH ZWERGENART

Zutaten:

250 g Mehl
8 Eigelb
100 g Zucker
1 Päckchen Vanillezucker
300 ml Milch
8 Eiweiß
120 g Butter

Zubereitung:

Mehl, Eigelb, Zucker, Vanillezucker, Milch verrühren. Das steif geschlagene Eiweiß unter den Pfannkuchenteig ziehen. In einer großen Pfanne etwa 30 g Butter erhitzen, ca. 1/4 der Teigmasse hineingeben. Den dicken Pfannkuchen beidseitig goldbraun backen, diesen anschließend mit zwei Bratenwendern in Stückchen zerkleinern, auf eine Platte geben und warm stellen.

Nun die anderen drei Teigportionen ebenso backen und zerkleinern. Zum Schluss Puderzucker darüberstäuben. Die Pfannkuchen nach Zwergenart sind ein gutes Rezept aus der einfachen, schnellen Küche. Sie werden gerne mit Apfelmus gegessen.

FEINE KEKSE

Zutaten:

250 g Butter
200 g Zucker
1 Päckchen Vanillezucker
4 Eier
250 g Mehl
50 g Speisestärke
1/4 Teelöffel Backpulver

Zubereitung:

Aus den Zutaten einen Rührteig herstellen. Diesen in einen Spritzbeutel mit großer, glatter Tülle füllen. Auf ein mit Back-Trennpapier ausgelegtes Backblech kleine, runde Plätzchen spritzen (reichlich Abstand lassen, da sie auseinanderlaufen).

Im vorgeheizten Backofen bei 230 Grad ca. 10 Minuten backen (bis die Ränder goldbraun sind). Nach dem Auskühlen können die feinen Kekse mit Kuvertüre überzogen oder hübsch verziert werden.

In einer gut schließenden Blechdose aufbewahrt, eignen sie sich ebenso wie die Schoko-Kekse von Seite 31 als Dauergebäck.

SCHOKO-KEKSE

Zutaten:

170 g Butter
200 g Zucker
1 Päckchen Vanillezucker
1 Ei
250 g Mehl
1 Teelöffel Backpulver
2 Esslöffel Kakao
3 Esslöffel süße Sahne

Zubereitung:

Butter schaumig rühren. Löffelweise Zucker, Vanillezucker sowie das Ei dazugeben und mitrühren. Mehl, Backpulver und Kakao vermischen, zusammen mit der Sahne in die cremige Masse einrühren. Kleine Häufchen auf ein mit Back-Trennpapier ausgelegtes Backblech setzen (reichlich Abstand lassen, da diese etwas auseinanderlaufen). Im vorgeheizten Backofen bei 200 Grad ca. 10 Minuten backen. Nach dem Auskühlen mit geschmolzener Kuvertüre überziehen oder hübsch verzieren.

SÜSSE BAGELS

Zutaten:

400 g Mehl
50 g gemahlene Haselnüsse
$^{1}/_{2}$ Würfel Hefe
1 Esslöffel Zucker
150 ml lauwarmes Wasser
50 g Butter
Bagel-Ausstecherform

Zubereitung:

Nach dem Grundrezept die Teigzutaten zu einem Hefeteig verarbeiten. Danach den Teig auf einer bemehlten Arbeitsfläche ca. 2 cm dick auswellen und Bagels ausstechen (Teigmenge reicht für ca. 10 Bagels), zugedeckt 15 Minuten gehen lassen.

Nun jeden Bagel etwa 1 Minute in kochendes Wasser geben, anschließend mit dem Schaumlöffel herausnehmen. Die gekochten, gut abgetropften Bagels auf ein mit Back-Trennpapier ausgelegtes Backblech setzen.

Im vorgeheizten Backofen bei 200 Grad ca. 20 Minuten backen. Im Zwergenstübchen schneiden die Zwerge die gebackenen Bagels auf, bestreichen diese mit Butter und ihrer Lieblingsmarmelade.

GROSSE BÄLLCHEN

Zutaten:
150 g Quark
5 Esslöffel Milch
5 Esslöffel Öl
100 g Zucker
1 Päckchen Vanillezucker
300 g Mehl
1 Päckchen Backpulver
ca. 200 g Marmelade
etwas Milch
Fett zum Ausbacken

Zubereitung:
Quark, Milch, Öl, Zucker, Vanillezucker gut verrühren. Anschließend das mit Backpulver vermischte Mehl einarbeiten. Den Teig auf einer bemehlten Arbeitsfläche etwa 1/2 cm dick auswellen und Kreise von ca. 8 cm Ø ausstechen.

Auf die Hälfte der Kreise in die Mitte etwas Marmelade geben. Jeden Kreisrand mit Milch bestreichen, jeweils einen Kreis darauflegen und die Ränder rundherum gut andrücken. Die Bällchen in heißem Fett ausbacken, danach Puderzucker darüberstäuben.

KLEINE BÄLLCHEN

Zutaten:

300 g Schichtkäse
150 g Zucker
1 Päckchen Vanillezucker
2 Eier
200 g Mehl
1/2 Teelöffel Backpulver
etwas Zwiebackbrösel
Fett zum Ausbacken

Zubereitung:

Schichtkäse, Zucker, Vanillezucker, Eier cremig schlagen. Das mit Backpulver vermischte Mehl dazugeben, gut verrühren. Den Teig 1 Stunde kaltstellen. Anschließend kleine Bällchen formen (mit Hilfe von 2 Teelöffeln), in Zwiebackbrösel wälzen und in heißem Fett ausbacken. Zu den Bällchen Kompott servieren.

PFIRSICH-KÜCHLEIN

Zutaten:

125 g Butter

100 g Zucker

1 Päckchen Vanillezucker

2 Eier

250 g Mehl

$^1/_2$ Päckchen Backpulver

2 Esslöffel Crème fraîche

1 Dose Pfirsiche

Zubereitung:
Butter schaumig schlagen. Abwechselnd Zucker, Vanillezucker und Eier dazugeben, gut mitrühren.

Danach das mit Backpulver vermischte Mehl sowie Crème fraîche einrühren. Zum Schluss die abgetropften, kleingeschnittenen Pfirsiche untermischen.

Nun jeweils einen gehäuften Esslöffel Teig auf ein mit Back-Trennpapier ausgelegtes Backblech geben (nicht zu dicht setzen, da die Küchlein auseinanderlaufen).

Im vorgeheizten Backofen bei 200 Grad ca. 25 Minuten backen. Nach dem Auskühlen Puderzucker über die Pfirsich-Küchlein stäuben.

KLEINE KÜCHLEIN

Zutaten:
2 Eier
150 g Zucker
1 Päckchen Vanillezucker
125 g Butter
100 g Mehl
50 g Speisestärke
1 Messerspitze Backpulver

Zubereitung:
Eier, Zucker, Vanillezucker schaumig schlagen. Nach und nach die Butterstückchen einrühren. Anschließend das Mehl mit Speisestärke sowie Backpulver vermischt löffelweise untermengen. Den Teig in gefettete, mit Semmelbrösel ausgestreute Gebäckförmchen füllen. Im vorgeheizten Backofen bei 200 Grad ca. 15 Minuten backen.

Nach dem Auskühlen können die kleinen Küchlein mit Puderzucker bestäubt oder geschmolzener Kuvertüre verziert werden. In einer gut schließenden Blechdose aufbewahrt, eignen sie sich als Dauergebäck bestens.

HERZIGE WAFFELN

Zutaten:

200 g Butter

100 g Zucker

1 Päckchen Vanillezucker

5 Eier

250 g Mehl

2 Teelöffel Backpulver

$^{1}/_{4}$ l Milch

Zubereitung:
Aus den Zutaten einen Rührteig herstellen. In das vorgeheizte, leicht eingefettete Waffeleisen einen kleinen Schöpflöffel Teig geben, goldgelb backen. Mit einer Gabel die Waffel herausnehmen, auf einem Kuchengitter auskühlen lassen.

Nacheinander die Waffeln backen. Vor dem Servieren Puderzucker darüberstäuben. Zu den Waffeln schmeckt besonders gut Vanillesoße, Kompott, Schlagsahne, Eis oder heiße Schokolade.

Feines Waffel-Allerlei

Aus den „Herzigen Waffeln" von Seite 40/41 lassen sich durch kleine Zutaten-Veränderungen verschiedene feine Waffeln zubereiten.

Apfel-Waffeln

Hierzu mischt man in den Rührteig zusätzlich zwei geschälte, vom Kernhaus befreite, geraspelte Äpfel.

Kokos-Waffeln

Für dieses Rezept werden 100 g Kokosraspel hinzugefügt, dafür entsprechend 100 g weniger Mehl.

Mandel-Waffeln

100 g Mehl durch 100 g abgezogene, gemahlene Mandeln ersetzen.

Zimt-Waffeln

Ein Teelöffel Zimt dem Waffelteig zufügen. Nach dem Backen mit Zimt und Puderzucker bestäuben.

SAHNE-WAFFELN

Zutaten:

200 g Mehl
15 g Hefe
etwas Wasser
80 g Zucker
1 Päckchen Vanillezucker
2 Eier
75 g Butter
1/2 Becher saure Sahne

Zubereitung:

Aus den Zutaten einen leicht flüssigen Hefeteig herstellen. Diesen mit einem Tuch abdecken, bei Zimmertemperatur etwa 45 Minuten gehen lassen. Danach in das vorgeheizte, leicht eingefettete Waffeleisen einen kleinen Schöpflöffel Teig geben und goldbraun backen. Mit einer Gabel die Waffel herausnehmen, auf einem Kuchengitter auskühlen lassen. Nacheinander alle Waffeln backen und Puderzucker darüberstäuben. Zu den Waffeln wird gerne Vanillesoße, Kompott oder Eis gereicht.

QUARK-QUICHE

Zutaten:

Teig:

25 g Hefe
30 g Zucker
50 ml Milch
250 g Mehl
2 Eigelb
120 g Butter

Belag:

50 g Butter
80 g Zucker
1 Päckchen Vanillezucker
1 Ei
250 g Quark

Zubereitung:

Hefe, Zucker, Milch verrühren. Anschließend Mehl, Eigelb, Butter sowie die Hefemilch auf einer Arbeitsfläche zu einem glatten Teig kneten. Danach auswellen und in eine gefettete Quicheform geben.

Für den Belag Butter, Zucker, Vanillezucker, Ei schaumig schlagen, den Quark einrühren und die Masse gleichmäßig auf dem Teigboden verteilen. Im vorgeheizten Backofen bei 180 Grad ca. 40 Minuten backen. Die Quiche noch 10 Minuten im ausgeschalteten Backofen stehen lassen.

HEIDELBEER-MEHLSPEISE

Zutaten:

2 Gläser Heidelbeeren
100 g Mehl
1 Messerspitze Backpulver
75 g Zucker
1 Päckchen Vanillezucker
5 Eigelb
300 ml Milch
5 Eiweiß

Zubereitung:

Die gut abgetropften Heidelbeeren in eine gefettete Quicheform geben. Das mit Backpulver vermischte Mehl sowie Zucker, Vanillezucker, Eigelb und Milch zu einem glatten Teig verrühren, steif geschlagenes Eiweiß unterziehen. Den Teig gleichmäßig über den Heidelbeeren verteilen. Im vorgeheizten Backofen bei 200 Grad ca. 40 Minuten backen. Zur Heidelbeerzeit kann diese Mehlspeise auch mit frischen Heidelbeeren zubereitet werden. Hierfür 500 g Heidelbeeren und 50 g Zucker vermischen, durchziehen lassen.

ZWERGEN-SCHNECKENNUDELN

Zutaten:

Teig:

500 g Mehl
1 Würfel Hefe
100 g Zucker
2 Eier
200 ml lauwarme Milch
100 g Butter

Füllung:

60 g gemahlene Haselnüsse
80 g Zucker
1 Teelöffel Zimt
1/2 Becher süße Sahne
80 g Rosinen
etwas Butter
2 Tassen lauwarme Milch

Zubereitung:

Aus den Teigzutaten einen Hefeteig herstellen. Für die Füllung Haselnüsse, Zucker, Zimt, Sahne, Rosinen verrühren. Nun den Teig auf einer bemehlten Arbeitsfläche 1 cm dick rechteckig auswellen.

Die Teigplatte mit etwas zerlassener Butter bestreichen, danach die Füllung gleichmäßig auftragen. Den Teig von der Längsseite her aufrollen. Die Teigrolle in ca. 5 cm dicke Scheiben schneiden. Alle Schneckennudeln in eine gefettete Auflaufform setzen und mit Milch übergießen. Im vorgeheizten Backofen bei 210 Grad etwa 1 Stunde backen. Zu den Schneckennudeln Vanillesoße reichen.

QUARK-KÜCHLEIN

Zutaten:
50 g Butter
100 g Zucker
1 Päckchen Vanillezucker
2 Eier
500 g Quark
150 g Mehl
Fett zum Ausbacken

Zubereitung:
Butter schaumig schlagen. Zucker, Vanillezucker, Eier dazugeben, gut mitrühren. Danach Quark und Mehl unterrühren. Nun in das heiße Fett kleine Teighäufchen setzen, diese zu Küchlein flach drücken und goldbraun ausbacken.

WINDBEUTEL MIT SAHNE

Zutaten:
$^1/_4$ l Wasser
50 g Butter
1 Prise Salz
150 g Mehl
5 Eier
$^1/_2$ Teelöffel Backpulver

Füllung:
2 Becher süße Sahne
2 Päckchen Vanillezucker
2 Päckchen Sahnesteif

Zubereitung:
Wasser, Butter, Salz in einen Topf geben und aufkochen. Das Mehl auf einmal dazuschütten, bei kleinster Hitze so lange rühren, bis sich der Teig als Kloß vom Topfboden löst. Den Teig in eine Schüssel geben, ein Ei nach dem anderen einarbeiten. Mit dem letzten Ei das Backpulver unterrühren.

Den Teig in einen Spritzbeutel mit Sterntülle füllen, etwas größere Rosetten auf das mit Back-Trennpapier ausgelegte Backblech spritzen. Für Mini-Windbeutel kleine Rosetten aufspritzen. Im vorgeheizten Backofen bei 200 Grad ca. 30 Minuten backen. Die Windbeutel auf einem Kuchengitter leicht abkühlen lassen, anschließend in der Mitte waagerecht durchschneiden. Für die Füllung Sahne, Vanillezucker, Sahnesteif schlagen. Diese in einen Spritzbeutel mit Sterntülle füllen und auf jeden Windbeutelboden üppig aufspritzen, den dazugehörenden Windbeuteldeckel daraufsetzen. Zum Schluss über alle Windbeutel Puderzucker stäuben.

WINDBEUTEL-VARIATIONEN

Mit Schokolade

Zutaten:
Siehe Rezept Seite 50
Füllung:
2 Becher süße Sahne
2 Päckchen Vanillezucker
2 Päckchen Sahnesteif
100 g geriebene Schokolade

Zubereitung:
Die Windbeutel ebenso wie im Rezept Seite 50 zubereiten. Für die Füllung Sahne, Vanillezucker, Sahnesteif schlagen, Schokolade untermischen. Die Schoko-Sahne in einen Spritzbeutel mit Sterntülle füllen und auf jeden Windbeutelboden üppig aufspritzen, mit dem dazugehörenden Windbeuteldeckel abdecken und Puderzucker darüberstäuben.

Mit Obst

Zutaten:
Siehe Rezept Seite 50
Füllung:
2 Becher süße Sahne
2 Päckchen Vanillezucker
2 Päckchen Sahnesteif
Obst nach Belieben

Zubereitung:
Die Windbeutel ebenso wie im Rezept Seite 50 zubereiten. Für die Füllung Sahne, Vanillezucker, Sahnesteif schlagen. Diese in einen Spritzbeutel mit Sterntülle füllen und auf jeden Windbeutelboden üppig aufspritzen. Über die Sahne das Obst geben, mit dem dazugehörenden Windbeuteldeckel abdecken und Puderzucker darüberstäuben.

APFELTASCHEN

Zutaten:
150 g Quark
6 Esslöffel Milch
6 Esslöffel Öl
100 g Zucker
1 Päckchen Vanillezucker
300 g Mehl
1 Päckchen Backpulver
2 Esslöffel gemahlene Mandeln
1 Esslöffel Zucker
etwas Butter
250 g Apfelmus

Zubereitung:
Quark, Milch, Öl, Zucker, Vanillezucker verrühren, das mit Backpulver vermischte Mehl einarbeiten und zu einem glatten Teig kneten, kaltstellen. Für die Füllung Mandeln mit Zucker in heißer Butter leicht rösten. Nach dem Abkühlen unter das Apfelmus mischen. Den Teig auf einer bemehlten Arbeitsfläche dünn auswellen. Mit einem Tortelettförmchen Kreise ausstechen. Auf diese jeweils in die Mitte der unteren Hälfte etwas Füllung geben. Jeden Kreisrand mit Milch bestreichen, anschließend zum Halbkreis zusammenklappen, die Ränder gut andrücken. Im vorgeheizten Backofen bei 200 Grad ca. 15 Minuten backen. Danach entweder Puderzuckerglasur auftragen (Puderzucker und wenig Wasser verrühren) oder nach dem Auskühlen Puderzucker darüberstäuben.

MARMELADEN-OMELETTES

Zutaten:

6 Eigelb
1 Esslöffel Puderzucker
1 Päckchen Vanillezucker
2 Esslöffel Speisestärke
1 Messerspitze Backpulver
100 ml lauwarme Milch
6 Eiweiß
1 Esslöffel Puderzucker
etwas Marmelade

Zubereitung:

Eigelb, Zucker, Vanillezucker schaumig schlagen. Speisestärke und Backpulver vermischen, zusammen mit der Milch einrühren. Danach das mit Zucker steif geschlagene Eiweiß unterziehen. Etwas Fett in einer Pfanne bei niedriger Temperatur zergehen lassen, einen Teil der Schaummasse einfüllen (Teigmenge reicht für vier Omelettes).

Auf die Pfanne einen vorgewärmten Deckel geben und das Omelette ca. 10 Minuten hellbraun backen, anschließend aus der Pfanne auf einen Teller gleiten lassen. Die Oberseite des Omelettes mit Marmelade bestreichen, eine Hälfte über die andere schlagen und Puderzucker darüberstäuben.

APFELSTRUDEL

Zutaten:
350 g Mehl
1 Ei
etwas Salz
1/8 l lauwarmes Wasser
40 g Butter
1 kg Äpfel
80 g grob gemahlene Mandeln
125 g Zucker
1/2 Teelöffel Zimt
80 g Rosinen

Zubereitung:
Mehl, Ei, Salz, Wasser, zerlassene Butter zu einem weichen Teig verarbeiten und auf einer leicht bemehlten Arbeitsfläche so lange abschlagen, bis er weder an den Händen noch am Brett klebt. Aus dem Teig zwei Kugeln formen. Diese unter eine vorgewärmte Schüssel legen, ca. 60 Minuten ruhen lassen.

Anschließend beide Teigkugeln auf einer bemehlten Arbeitsfläche rechteckig auswellen. Nun jede Teigplatte auf ein Geschirrtuch legen und vollends hauchdünn auswellen (mit den Händen nachhelfen). Die Teigplatten mit zerlassener Butter bestreichen. Für die Füllung die geschälten, vom Kernhaus befreiten Äpfel in kleine, dünne Scheiben schneiden, Mandeln, Zucker, Zimt, Rosinen untermischen und auf den Teigplatten verteilen (nicht ganz bis zum Rand).

Diese nacheinander mit dem Geschirrtuch von der Längsseite her locker aufrollen, die Seiten ca. 2 cm umschlagen. Die Oberflächen mit zerlassener Butter bestreichen. Beide Strudel auf ein gefettetes Backblech legen.

Im vorgeheizten Backofen bei 200 Grad ca. 50 Minuten backen. Über die noch warmen Apfelstrudel Puderzucker stäuben und Vanillesoße dazu reichen.

SALZBURGER NOCKERLN

Zutaten:

4 Eiweiß
70 g Zucker
1 Päckchen Vanillezucker
4 Eigelb
25 g Speisestärke
20 g Butter
1 Esslöffel Zucker
3 Esslöffel Milch

Zubereitung:

Eiweiß steif schlagen. Zucker, Vanillezucker langsam einrieseln lassen. Die Eigelb nach und nach unter den Eischnee mischen, Speisestärke unterziehen. Nun zerlassene Butter, Zucker, Milch verrühren und in eine flache, gefettete Auflaufform gießen. Anschließend mit einem Teigschaber aus der Eischneemasse drei große Nockerln abstechen und in die Form setzen. Im vorgeheizten Backofen bei 200 Grad ca. 15 Minuten backen. Puderzucker über die Salzburger Nockerln stäuben, sofort servieren.

Rührteig-Zubereitung

Alle Zutaten sollten Zimmertemperatur haben. Die Butter schaumig schlagen, abwechselnd Zucker, Eier dazugeben, zu einer cremigen Masse rühren. Nach und nach das gesiebte, mit Backpulver vermischte Mehl zusammen mit der Milch einrühren. Den Teig in eine gefettete Backform füllen und dem jeweiligen Rezept entsprechend im vorgeheizten Backofen backen.

Mürbteig-Zubereitung

Das Mehl auf eine Arbeitsfläche sieben. In die Mitte eine Vertiefung drücken, Zucker und Ei hineingeben, mit etwas Mehl verrühren. Auf den Mehlrand die kalte, kleingeschnittene Butter legen, alles zu einem glatten Teig kneten. Diesen zugedeckt etwa 1 Stunde bis zur Weiterverarbeitung in den Kühlschrank stellen.

Hefeteig-Zubereitung

Das Mehl in eine Schüssel sieben.
In die Mitte eine Mulde drücken, Hefe hineinbröckeln,
etwas Zucker darüberstreuen. Hefe und Zucker mit
etwas lauwarmer Milch glatt rühren,
mit Mehl bestäuben. Die Schüssel mit einem Geschirrtuch abdecken.
Den Vorteig ca. 15 Minuten gehen lassen.
Restliche Milch, weiche Butter, Zucker oder Salz, Eier dazugeben,
zu einem glatten Teig kneten, so lange abschlagen, bis er Blasen wirft,
sich von der Schüssel löst und glänzt. Den Teig mit einem Tuch abdecken
und bei Zimmertemperatur etwa 1 Stunde gehen lassen
(bis er sich verdoppelt hat). Nochmals durchkneten,
entsprechend dem jeweiligen Rezept weiterverarbeiten.

INHALT Seite

Verantwortlich: Elke und Timo Schuster
Illustration: Eva Zeidler und Manfred Rohrbeck
Fotografie: Axel Waldecker

Der Inhalt dieses Buches ist vom Verlag sorgfältig erwogen und geprüft, dennoch kann eine Garantie nicht übernommen werden. Eine Haftung des Verlages für Personen-, Sach- und Vermögensschäden ist ausgeschlossen.

Bibliografische Information der Deutschen Bibliothek
Die Deutsche Bibliothek verzeichnet diese Publikation in der Deutschen Nationalbibliografie; detaillierte bibliografische Daten sind im Internet über http://dnb.ddb.de abrufbar.

1. Auflage 2024

Druck und Bindung: Leo Paper
ISBN 978-3-7806-2040-8
www.zwergenstuebchen-schuster.de